Cash Book

Date	Narrative	Debit		Credit		Balance	

Date	Narrative	Debit		Credit		Balance	

Date	Narrative	Debit		Credit		Balance	

Date	Narrative	Debit		Credit		Balance	

Date	Narrative	Debit		Credit		Balance	

Date	Narrative	Debit		Credit		Balance	

Date	Narrative	Debit		Credit		Balance	

Date	Narrative	Debit		Credit		Balance	

Date	Narrative	Debit		Credit		Balance	

Date	Narrative	Debit		Credit		Balance	

Date	Narrative	Debit		Credit		Balance	

Date	Narrative	Debit		Credit		Balance	

Date	Narrative	Debit		Credit		Balance	

Date	Narrative	Debit		Credit		Balance	

Date	Narrative	Debit		Credit		Balance	

Date	Narrative	Debit		Credit		Balance	

Date	Narrative	Debit		Credit		Balance	

Date	Narrative	Debit		Credit		Balance	

Date	Narrative	Debit		Credit		Balance	

Date	Narrative	Debit		Credit		Balance	

Date	Narrative	Debit		Credit		Balance	

Date	Narrative	Debit		Credit		Balance	

Date	Narrative	Debit		Credit		Balance	

Date	Narrative	Debit		Credit		Balance	

Date	Narrative	Debit		Credit		Balance	

Date	Narrative	Debit		Credit		Balance	

Date	Narrative	Debit		Credit		Balance	

Date	Narrative	Debit		Credit		Balance	

Date	Narrative	Debit		Credit		Balance	

Date	Narrative	Debit		Credit		Balance	

Date	Narrative	Debit		Credit		Balance	

Date	Narrative	Debit		Credit		Balance	

Date	Narrative	Debit		Credit		Balance	

Date	Narrative	Debit		Credit		Balance	

Date	Narrative	Debit		Credit		Balance	

Date	Narrative	Debit		Credit		Balance	

Date	Narrative	Debit		Credit		Balance	

Date	Narrative	Debit		Credit		Balance	

Date	Narrative	Debit		Credit		Balance	

Date	Narrative	Debit		Credit		Balance	

Date	Narrative	Debit		Credit		Balance	

Date	Narrative	Debit		Credit		Balance	

Date	Narrative	Debit		Credit		Balance	

Date	Narrative	Debit		Credit		Balance	

Date	Narrative	Debit		Credit		Balance	

Date	Narrative	Debit		Credit		Balance	

Date	Narrative	Debit		Credit		Balance	

Date	Narrative	Debit		Credit		Balance	

Date	Narrative	Debit		Credit		Balance	

Date	Narrative	Debit		Credit		Balance	

Date	Narrative	Debit		Credit		Balance	

Date	Narrative	Debit		Credit		Balance	

Date	Narrative	Debit		Credit		Balance	

Date	Narrative	Debit		Credit		Balance	

Date	Narrative	Debit		Credit		Balance	

Date	Narrative	Debit		Credit		Balance	

Date	Narrative	Debit		Credit		Balance	

Date	Narrative	Debit		Credit		Balance	

Date	Narrative	Debit		Credit		Balance	

Date	Narrative	Debit		Credit		Balance